Inhalt

Jahressteuergesetz 2008 - Wichtige Änderungen

Kernthesen

Beitrag

Fallbeispiele

Weiterführende Literatur

Impressum

Jahressteuergesetz 2008 - Wichtige Änderungen

A.Kaindl

Kernthesen

- Das vom Bundestag verabschiedete Jahressteuergesetz 2008 korrigiert mehr als 200 Steuervorschriften.
- Wichtige Änderungen betreffen u.a. die Einführung einer elektronischen Lohnsteuerkarte, die Eindämmung steuerlicher Gestaltungsmöglichkeiten und Nachbesserungen an der bereits beschlossenen Unternehmenssteuerreform.
- Die geplante Einführung eines neuen Wahlrechts für berufstätige Ehepaare bei der Lohnsteuerklasse wurde auf später verschoben.

Beitrag

Steuerberater können weiter nach Steuerschlupflöchern suchen, ohne gleich in den Verdacht der Steuerhinterziehung zu geraten. Die im Entwurf des Jahressteuergesetzes 2008 von Bundesfinanzminister Peer Steinbrück geplanten Verschärfungen für Steuertrickser wurden in sehr abgemilderter Form vom Bundestag verabschiedet.

Verabschiedung des Jahressteuergesetzes 2008

Das Jahressteuergesetz 2008 mit gut 200 Steuerrechtsänderungen wurde am 8.11.2007 vom Bundestag verabschiedet. Da die wesentlichen Punkte mit dem Bundesrat bereits abgestimmt wurden, gilt dessen Zustimmung als Formsache. Mit dem Jahressteuergesetz werden jedes Jahr Lücken und Unklarheiten in den bestehenden Steuergesetzen behoben und die Gesetze an aktuelle Urteile und andere Entwicklungen angepasst.

Eindämmung steuerlicher

Gestaltungsmöglichkeiten

Die Abgeordneten einigten sich auf eine schärfere Formulierung zur Eindämmung von steuerlichen Gestaltungsmöglichkeiten im Paragraf 42 der Abgabenordnung. Ein Missbrauch liegt dann vor, wenn eine unangemessene rechtliche Gestaltung gewählt wird, die beim Steuerpflichtigen oder einem Dritten im Vergleich zu einer angemessenen Gestaltung zu einem gesetzlich nicht vorgesehenen Vorteil führt. Mit dieser übergreifenden Klausel wollen die Finanzpolitiker erreichen, dass nicht für jeden extremen Steuertrick gleich ein neues Gesetz geschaffen werden muss. Dass eine Gestaltung "unangemessen" ist, muss das Finanzamt nachweisen. (1), (3)

Nachbesserung bei bereits beschlossener Unternehmensteuerreform

Bei den Änderungen der Gewerbesteuer, die im Rahmen der bereits verabschiedeten Unternehmensteuerreform beschlossen wurden, wurde noch mal nachgebessert. Künftig werden nur noch 16,25 Prozent der Mietkosten eines

Unternehmens statt der ursprünglich geplanten 18,75 Prozent dem Gewinn hinzugerechnet. Für die Hinzurechnung der Mietkosten gibt es einen Freibetrag von 100 000 Euro. (1), (2)

Sicherung des Hausbank-Prinzips

Immobilienbesitzer und Selbständige, die ihre Investitionen teilweise über Kredit finanzieren, sollten zunächst nicht von der 25-prozentigen Abgeltungssteuer profitieren. Jetzt gilt die Einschränkung nur für Fälle, in denen die Anlage mit dem Darlehen in direktem Zusammenhang steht und daraus Steuervorteile resultieren. Mit der Regelung, dass Anlagen und Kredite bei einer Bank nicht die Abgeltungssteuer gefährden, soll das Hausbankenprinzip gesichert werden. (1)

Ende für Millionärsfonds

Ein scharf kritisiertes Steuerschlupfloch für vermögende Anleger wurde mit dem Jahressteuergesetz abgeschafft. Seit Mitte Februar 2007 konnten vermögende Deutsche in Luxemburg private Spezialfonds gründen. Damit konnten sich diese vor dem 1. Januar 2009 ein eigenes Portfolio aufbauen, dessen Zusammenstellung sie danach ein Leben lang frei gestalten können, ohne die Abgeltungsteuer zahlen zu müssen. Ab 2009 muss jeder für Zinsen, Dividenden und Veräußerungsgewinne 25 Prozent Steuern (plus Solidaritätszuschlag und Kirchensteuer) abführen. Bis dahin unterliegen alle Wertpapiere - außer Zertifikate - den derzeit geltenden Regeln. Wurden diese Spezialfonds bis zum Stichtag 9. November 2007 eingerichtet oder Anteile daran erworben, können Anleger die günstigen Regeln noch für sich nutzen. Nach diesem Stichtag erworbene Anteile unterliegen der Abgeltungssteuer, sofern die Anteile nach 2009 verkauft werden. In Deutschland dürfen nur institutionelle Anleger in Spezialfonds investieren. Von der neuen Regelung sind Anleger, die in Publikumsfonds investieren, nicht betroffen. (1), (2)

Abschaffung der Lohnsteuerkarte auf Pappe

Die Lohnsteuerkarte auf Pappe wird 2011 abgeschafft und durch ein elektronisches Verfahren ersetzt. Die bisher auf der Karte erfassten Steuermerkmale eines Arbeitnehmers wie der Familienstand oder die Anzahl der Kinder werden direkt an den Arbeitgeber übermittelt. Die Arbeitgeber müssen die Lohnsteuerabrechnung für ihre Beschäftigten über eine Zentraldatei auf elektronischem Wege mit den Finanzämtern abwickeln. (1), (2)

Einschränkungen bei der Vermögensübergabe gegen Versorgungsleistungen

Mit dem Jahressteuergesetz 2008 wird die Vermögensübergabe gegen Versorgungsleistungen steuerlich deutlich unattraktiver. Der Abzug der Versorgungszahlungen als Sonderausgabe ist ab Januar 2008 nur noch möglich, wenn es um unternehmerische Beteiligungen geht. Das Rechtsinstitut der Vermögensübergabe gegen Versorgungsleistungen, welches bislang auf Gewohnheitsrecht und Erlasslage beruhte, wurde nun gesetzlich festgeschrieben. Das neue Recht enthält einen positiven Katalog von Wirtschaftsgütern, die im Wege der Vermögensübergabe gegen Versorgungsleistungen übertragen werden können. Hierzu zählen betriebliche Sachgesamtheiten, wie beispielsweise Teilbetriebe oder ein Mitunternehmeranteil sowie die Beteiligung an einer Kapitalgesellschaft. Allerdings muss der Übergeber zu mindestens 50 Prozent beteiligt und Geschäftsführer gewesen sein und der Übernehmer diese Beteiligung und die Tätigkeit als Geschäftsführer übernehmen. Die Vermögensübergabe muss auf einem besonderen Verpflichtungsgrund beruhen, wie lebenslange Versorgungsleistungen, und der Übernehmer muss unbeschränkt steuerpflichtig sein. Das neue Recht findet auf Vermögensübergaben Anwendung, die nach dem 31.12.2007 vereinbart werden. Abgeschafft für die Zukunft werden damit alle Möglichkeiten, fremdvermietete Immobilien, private Kapitalanlagen und eigengenutztes Wohneigentum gegen Versorgungsleistungen zu übergeben. (3)

Fallbeispiele

Volker Wissing, Obmann der FDP im Finanzausschuss, nannte die neuen Formulierungen in der Abgabenordnung, die den Missbrauch steuerlicher Gestaltungsmöglichkeiten eindämmen sollen, "abenteuerlich". Insbesondere, da die Koalition einen Anspruch auf eine "verbindliche Auskunft" der Finanzverwaltung, ob die gewählte steuerliche Gestaltung nun missbräuchlich sei, versagt hat. (4)

Der Deutsche Bauernverband (DBV) hat sich zum Jahressteuergesetz 2008 sehr kritisch geäußert. Die angestrebte Einschränkung von Vermögensübergaben gegen Versorgungsleistungen behindert in hohem Maße die Generationenfolge in der Land- und Forstwirtschaft. Seiner Darstellung zufolge übertragen die Hofübergeber bei der Hofübergabe gegen Versorgungsleistungen zu Lebzeiten den Betrieb auf die Hofübernehmer. Diese verpflichteten sich im Gegenzug dazu, eine monatliche Geldrente an die Hofübergeber zu leisten. Diese Versorgungsleistung kann der Hofübernehmer steuerlich geltend machen und der Hofübergeber versteuert diese als Einkünfte. Bei diesem für die Landwirtschaft typischen Übergabevorgang sollen künftig nur noch die im Zusammenhang mit dem Betriebsvermögen stehenden Versorgungsleistungen für den Übernehmer abziehbar sein. Der DBV weist jedoch auf die in der Landwirtschaft bestehende Besonderheit, dass bei jeder Hofübergabe zwingend das Betriebsleiter- und das Altenteilerwohnhaus, die steuerlich dem Privatvermögen zuzurechnen sind, mit übergeben werden müssen. Die Verbindung von Wohn- und Wirtschaftsteil sei typisch für landwirtschaftliche Betriebe. Mit der angestrebten Aufteilung der Versorgungsleistungen in abziehbare und nicht abziehbare Teile wird nach Ansicht des DBV der einheitliche Vorgang der Hofübergabe künstlich aufgespalten und erheblich verkompliziert.

(5)

Weiterführende Literatur

(1) Koalition bremst Steinbrück im Kampf gegen Steuertrickser
aus Handelsblatt Nr. 217 vom 09.11.07 Seite 6

(2) Steuerklasse V bleibt ohne Alternative
aus Süddeutsche Zeitung, 09.11.2007, Ausgabe Bayern, München, Deutschland, S. 31

(3) Levedag, Dr. Christian, Jahressteuergesetz 2008 im Bundestag verabschiedet, GmbH-Rundschau 23/2007, S. R358-R359
aus Süddeutsche Zeitung, 09.11.2007, Ausgabe Bayern, München, Deutschland, S. 31

(4) Finanzausschuss winkt Jahressteuergesetz durch Änderungen bei der Unternehmenssteuerreform
aus Börsen-Zeitung, 08.11.2007, Nummer 215, Seite 7

(5) DBV: Jahressteuergesetz 2008 behindert Generationenfolge in der Landwirtschaft
aus Agra-Europe (AgE), 48. Jahrgang Nr. 41 vom 08.10.2007

Impressum

Jahressteuergesetz 2008 - Wichtige Änderungen

Bibliografische Information der deutschen Nationalbibliothek

Die Deutsche Nationalbibliothek verzeichnet diese Publikation in der deutschen Nationalbibliografie; detaillierte bibliografische Daten sind im Internet über http://dnb.d-nb.de abrufbar.

ISBN: 978-3-7379-1359-1

© 2015 GBI-Genios Deutsche Wirtschaftsdatenbank GmbH, Freischützstraße 96, 81927 München, www.genios.de

Alle Rechte vorbehalten. Dieses Werk ist einschließlich aller seiner Teile – z.B. Texte, Tabellen und Grafiken - urheberrechtlich geschützt. Jede Verwertung außerhalb der Grenzen des Urheberrechtsgesetzes bedarf der vorherigen Zustimmung des Verlags. Dies gilt insbesondere auch für auszugsweise Nachdrucke, fotomechanische Vervielfältigungen (Fotokopie/Mikroskopie), Übersetzungen, Auswertungen durch Datenbanken oder ähnliche Einrichtungen und die Einspeicherung und Verarbeitung in elektronischen Systemen.